New Wun Ching Developmental Publishing Co., Ltd.

New Age · New Choice · The Best Selected Educational Publications — NEW WCDP

華人節慶
與文化

Chinese Festivals
and Culture

陳怡容・蔡愛芬

　　華語或被稱為國語、普通話、漢語，它是聯合國的十種工作語言之一，也經常被列為世界十大難學語言。作者很幸運得以華語為母語，自小耳濡目染地學會這美麗且意義深遠的文字，藉此展開廣闊的閱讀視野，也徜徉在詩詞中享受音韻之美。

　　作者兩人任職於大學，本身均為外語學習者與教學者。在偶然的機遇下，開始從事華語教育，於大學開設華語課程，纂輯相關內容之初，深知跨文化溝通能力已是外語學習中不可或缺的面向，然而實務教學時，發現缺乏教材可以統整各項華人傳統節慶及相關習俗，於是兩人在課餘開始進行本書編撰工作。

　　本書撰寫首要目標為教師授課的參考書籍，如為自學則設定為中級以上學習者使用。從傳統節慶與習俗著眼，除了讓學習者了解傳統節慶在華人社會的運作模式，深研華夏文化底蘊，同時也精進其閱讀及字彙能力。全書共收錄 12 個單元，單元主題皆為華人社會中最重要也熟悉的民俗節慶。內容的「本文」及「生詞註釋」部分為提升閱讀理解能力及字詞學習；「換你說一說」部分則為本文中重要句型的代換練習；「文化聚焦」部分為羅列與單元主題相關的活動、故事、文化交流與討論，據此讓課堂活動多元化，以提高學習者的興趣。古語說「十里一風，百里一俗」，華人習俗大體上相同，但因地廣而存在差異。書中各種習俗以筆者所居住的台灣為主要內容，如台灣也存在差異時，則以北部為依據。生詞註釋取用自《教育部重編國語辭典》，若辭典的文字太艱深或是以文言文為例，則改寫成易懂文句；在標音方面，考慮與國際接軌，故採用漢語拼音；字詞使用慣例以台灣為基準。書中概稱「華人」一詞，緣自世界各地的華人不論區域，仍在日常生活中實踐並共享節慶習俗。

作者在撰寫過程中反覆詢查資料，力求精準，但難免疏漏，敬請各界先進不吝指正賜教。

　　本書的完成，還須大力感謝下列人士的支持：德明財經科技大學陳姿夙老師，以其精深的國文專業學養協助校對，並對謬誤之處提出高見；還有莊雅涵小姐的創意筆觸，完成書中各幅插圖，豐富本書內容；也感謝高崇瀚先生慨借攝影作品，高祥閎先生提供春聯作品及文京出版洪成賀經理、陳佑宗先生在出版過程的各項協助。期盼本書能對華語教育有些許勞績，幸是我願。

陳怡容、蔡愛芬　謹識

2021 年 8 月

作者

陳怡容

- 台灣德明財經科技大學流通管理系副教授
- 台灣國立台北科技大學技術及職業教育研究所博士
- 美國紐約市立大學 Hunter College 英語教學碩士

蔡愛芬

- 台灣德明財經科技大學應用外語系講師
- 日本國立筑波大學地域研究研究科日本專攻碩士

目錄

01

除夕

　　隨著新年接近，過年的氣氛越來越濃厚，街道會擠滿購買年貨和準備年菜的人們。親朋好友或是有生意往來的公司行號，也會互贈禮物表達祝福。同時家家戶戶也會大掃除，好讓家裡窗明几淨[1]，有除舊布新[2]的意思，來迎接新的一年。

　　除夕是農曆[3]一年中的最後一晚，稱做年三十或大年夜。除夕的傳統習俗[4]有祭祖、貼春聯、吃年夜飯、守歲等，這是華人很重視的傳統節慶[5]之一。在除夕這一天，人們不僅會在大門兩側貼上寫有吉祥話的大紅春聯，也會在家裡貼上祈福的小春聯：比如在米缸上貼「滿」字，表示食物很多；又如把正方形的「福」和「春」字倒過來貼，表示「福到」、「春到」、

好運到。祭祖也是除夕的大事，準備**豐盛**[6]的**供品**[7]祭拜祖先，是華人表達**慎終追遠**[8]的感恩方式。散居在各處的家人都會回家團聚吃年夜飯，主婦會親自為家人準備有吉利**象徵**[9]的菜餚。但是近年來由於生活習慣的改變，<u>興起</u>向餐廳訂購**年菜**[10]或到飯店享用團圓飯的<u>風潮</u>。團圓飯的菜色中一定有雞，表示家運興旺（台灣話「雞」與「家」同音）；魚表示**年年有餘**[11]；芥菜又稱長年菜，代表長壽。餐後，家中長輩會發給晚輩「壓歲錢」表達祝福。壓歲錢是放在紅色紙袋中，又稱為「紅包」，因為紅色在華人文化中是象徵吉利的顏色。發完壓歲錢後，家人<u>或</u>聚坐閒聊，<u>或</u>玩撲克牌、打麻將娛樂，一夜不睡，守歲到新的一年到來。據說，**晚輩**[12]守歲到越晚，**長輩**[13]就越長壽。

生詞註釋

	生詞	拼音	解釋
1	窗明几淨	chuāng míng jī jìng	窗子亮明，茶几乾淨。形容室內明亮潔淨。
2	除舊布新	chú jiù bù xīn	去除舊的，建立新的。
3	農曆	nóng lì	中國的傳統曆法，因適用於農業生產，所以被稱為「農曆」。農曆的大月三十天，小月二十九天，全年為三百五十四天或三百五十五天。
4	習俗	xí sú	某地區內的人們長期養成的習慣跟風俗。
5	節慶	jié qìng	節日慶典。
6	豐盛	fēng shèng	豐富而繁盛，形容東西數量和種類很多。
7	供品	gòng pǐn	祭拜祖先神明所用的水果、酒和食物。
8	慎終追遠	shèn zhōng zhuī yuǎn	按照禮俗，慎重地辦理父母的喪事，祭祀時要誠心的追念祖先。終，父母之喪。遠，祖先。
9	象徵	xiàng zhēng	以有形的事物來表現無形的觀念。
10	年菜	nián cài	為了過年期間準備的菜餚。
11	年年有餘	nián nián yǒu yú	每年都有盈餘。過年用的吉祥話。
12	晚輩	wǎn bèi	輩，原指家族世代的次序。晚輩指世代次序比較低的人。
13	長輩	zhǎng bèi	世代次序比較高或年紀長的人。

換你說一說

1. 隨著

   例句：隨著人口的增加，空氣汙染變得更嚴重。

   練習1：隨著_____，人們生活越來越方便。

   練習2：隨著_____，_____。

2. 好讓

   例句：留張字條，好讓他知道我們去哪裡。

   練習1：規則說明應該簡單易懂，好讓_____。

   練習2：_____，好讓_____。

3. 不僅……也……

   例句：葳葳不僅會演戲，也會主持節目。

   練習1：短短的一小時，媽媽不僅_____，也_____。

   練習2：_____，_____不僅_____，也_____。

4. 興起……風潮

   例句：由於大家重視健康，因此興起蔬食風潮。

   練習1：因為智慧型手機普遍，興起_____風潮。

   練習2：_____，興起_____風潮。

5. 或……或……

   例句：在草坪上，大家或坐或臥，享受冬天難得的陽光。

   練習1：教室裡，學生或_____或_____，各自做各自的事。

   練習2：_____，___或_____或_____，_____。

延伸閱讀

一起來讀一則跟除夕有關的故事。

除夕習俗源自一個傳說，以前有隻住在深山的怪獸名字叫做「夕」。「夕」每到**臘月**[1]三十，就會從深山跑到山下的村莊，不僅吃掉村民養的**家禽**[2]、**家畜**[3]，也會傷害村民。有一年，整個村子幾乎都被「夕」吃光了，但是有一對穿紅衣，家門口掛著紅布簾的新婚夫妻**倖免於難**[4]；**逃過一劫**[5]的還有幾個在院子裡燒竹子玩耍的小孩，「夕」看到竹子燃燒的火光，又聽到發出的聲響，嚇得**逃之天天**[6]。村民這才發現，原來「夕」怕紅色、巨響和火光。從此到了臘月三十，人們就會在家門口貼上紅色木板，一夜不睡，發出各式聲響。家門外也升起火堆，用來嚇阻「夕」，因此臘月三十叫做「除夕」。後來慢慢**演變**[7]成貼紅紙、穿紅衣、敲鑼打鼓、燃放爆竹，所以現在每到了除夕當天，**家家戶戶**[8]都要貼上寫著吉祥話的春聯，燃放爆竹表示**驅除**[9]**厄運**[10]、迎接幸福吉祥；一夜不睡就成為今日的**守歲**[11]習俗。

生詞註釋

	生詞	拼音	解釋
1	臘月	là yuè	農曆十二月。
2	家禽	jiā qín	飼養在家裡，準備食用的鳥類動物，如雞、鴨、鵝、鴿等。
3	家畜	jiā chù	飼養在家裡，準備食用的四隻腳動物，如牛、羊、豬等。
4	倖免於難	xìng miǎn yú nán	因為運氣好而避免了某種災禍。
5	逃過一劫	táo guò yī jié	逃過一次災難。
6	逃之夭夭	táo zhī yāo yāo	逃跑。
7	演變	yǎn biàn	事物在時間進展中所產生的變化。
8	家家戶戶	jiā jiā hù hù	每一家。
9	驅除	qū chú	趕走、消除。
10	厄運	è yùn	不幸的遭遇；惡運。
11	守歲	shǒu suì	除夕守夜，整晚不睡覺。

文化
聚焦

1. 春聯是新年的傳統裝飾品，大多是用毛筆寫，現在也
   有很多是用機器印刷。下面列有一些春聯範本，請你
   準備好紅紙條以及毛筆，也來試試寫春聯。

- 一元復始，萬象更新
- 天增歲月人增壽，春滿乾坤福滿門
- 天泰地泰三陽泰，家和人和萬事和
- 一帆風順年年好，萬事如意步步高

寫春聯

2. 除夕的團圓飯桌上，有些年菜一定不能少，請仔細閱讀各種年菜的含意，跟同學分享你覺得哪道年菜最有趣。

魚：魚與「餘」同音，所以「年年有魚」表示年年都有剩餘。年夜飯不能把魚吃完，要留一部分到大年初一。

雞：團圓夜的餐桌上一定要有雞，台灣話的發音雞與「家」同音，所以在過年期間要吃整隻的全雞，代表「全家團圓」的意思。

餃子：餃子的外型很像是中國的金元寶一樣，象徵「招財進寶」。有些習俗還會在餃子餡裡包個硬幣，吃到的人未來一年可望發財。

芥菜：又稱長年菜，傳統年菜裡一定會準備的青菜。長輩常叮嚀要整根一口吃，不能咬斷，表示「長命百歲」之意。

火鍋：吃火鍋時眾人圍著爐子，象徵全家團圓，稱為「圍爐」。

發糕：「發」象徵發財高昇。同時，製做發糕的裂縫愈大，象徵新的一年的財富愈多。

年糕：用糯米做的年糕是過年必吃的應景食品。「糕」與「高」同音，象徵「年年高昇」的含義。

蘿蔔糕：白蘿蔔在台灣話稱為「菜頭」，在台灣人的習俗當中象徵「好彩頭」（因為「菜頭」與「彩頭」諧音；彩頭表示好運氣）。

3. 請同學分享你的國家最重要的團圓日是哪一天？要吃特別的食物嗎？
   這些食物有什麼特別的意義嗎？

你也可以觀賞以下跟團圓飯相關的廣告影片，輕鬆一下。【一秒順媳・后傳】https://www.
youtube.com/watch?v=ki4tmmiCYVs

02

過新年

　　農曆新年，可說是華人社區最**盛大**[1]的傳統節日，一般又稱為春節。從**初一**[2]到初五都有不同的活動。有一首台灣**民俗**[3]歌謠唱道：「初一早、初二早、初三睡到飽、初四接神、初五隔開」，下面就來一一說明。

大年初一：開春吉祥

　　大年初一是新年的第一天，一到凌晨十二點，便可聽到鞭炮聲四起，熱鬧非凡。家人開始互相拜年、道賀恭喜，新的一年從此展開。放鞭炮可以創造出喜慶熱鬧的氣氛，也是節日的一種娛樂活動。早期人們會一大早起床，穿上特別為新年而買的新衣服，到鄰居和親友家拜年。如今由於智慧型手機的普遍，現代人大都利用各式各樣的通訊軟體從世界各地互相拜年。**登門**[4]拜年的習俗已經漸漸減少了。

大年初二：回門是喜

大年初二的民俗習慣是邀請出嫁女兒回娘家，出嫁的女兒會和丈夫、小孩，帶著禮物回娘家團聚，稱為「回門」。早期還需由娘家兄弟前來迎接，女兒要準備紅包分送給娘家的晚輩。

大年初三：老鼠娶親[5]

傳說初三是「老鼠娶親」的大日子，為了不打擾老鼠娶親的好事，當天晚上人們都會盡量提早上床睡覺，並且在家中的廚房或老鼠常出入的角落，撒上一些米和鹽，希望與老鼠**打好交道**[6]，平常不要出來偷吃東西。大年初三可以睡到飽才起床，因為從除夕忙到初二都很勞累，初三終於可以好好休息。

大年初四：恭迎灶神

大年初四是恭迎**灶神**[7]（廚房之神）回民間的日子。因為在華人的習俗裡，每年的農曆十二月二十三或二十四日為送灶神日，就是灶神和其他的神要回到天帝身邊，家家戶戶便利用這段期間清理**神龕**[8]和大掃除。大年初四則是所有的神由天界重返人間的日子。人們會準備豐富的供品，**虔誠**[9]恭敬地祭拜，迎接灶神回來。

大年初五：拜財神 大發利市[10]

正月[11]初五，是民間「迎財神」的日子。大部分的公司商家會在初五**開市**[12]上班，希望這一天開市可以**招財進寶**[13]。另外，過了這一天，一切就慢慢恢復到大年三十以前的常態了。一般說來，從除夕至初五期間，有許多規矩和**禁忌**[14]，像是不能說不吉利的話、不能打掃房子、商店不能做生意等。但到了初五，所有的禁忌都打破了，就是所謂的「初五隔開」。

生詞註釋

	生詞	拼音	解釋
1	盛大	shèng dà	隆重、規模宏大。
2	初一	chù yī	農曆每月的第一天，一般一日到十日會加上「初」字。
3	民俗	mín sú	習俗。
4	登門	dēng mén	上門。
5	娶親	qǔ qīn	男子結婚。女子結婚稱為「嫁」。
6	打交道	dǎ jiāo dào	彼此接觸往來或討論處理事務。
7	灶神	zào shén	民間供奉於廚房的神，傳說負責一家的禍福與財氣。「灶」是古時候用磚土、石塊等建造成的爐台，用來生火煮食的設備。
8	神龕	shén kān	放置神、佛像或祖先牌位的地方。
9	虔誠	qián chéng	恭敬有誠心的態度。
10	大發利市	dà fā lì shì	獲利豐厚，賺很多錢。
11	正月	zhēng yuè	農曆的第一個月。
12	開市	kāi shì	開始營業，進行買賣。
13	招財進寶	zhāo cái jìn bǎo	招來財氣，為了發財致富。
14	禁忌	jìn jì	不適宜或被禁止的語言或行為。

換你說一說

1. 一般又稱為

　　例句：泡沫紅茶中的「粉圓」，一般又稱為「珍珠」。

　　練習1：除夕夜，一般又稱為＿＿＿＿＿＿＿＿＿＿。

　　練習2：＿＿＿＿＿＿，一般又稱為＿＿＿＿＿。

2. ——

　　例句：老師一一列舉學英文的好處。

　　練習1：經過店員一一＿＿＿＿＿，我們終於找到需要的東西。

　　練習2：＿＿＿＿＿一一＿＿＿＿＿＿＿＿＿＿＿＿＿＿。

3. 便可

　　例句：只要填寫問卷，便可參加抽獎。

　　練習1：寫完考卷後，便可＿＿＿＿＿＿＿＿＿。

　　練習2：＿＿＿＿＿，便可＿＿＿＿＿＿＿＿。

4. 所謂的

　　例句：商店所謂的特賣會，其實目的是在出清存貨。

　　練習1：年菜裡所謂的＿＿＿＿＿，其實是餃子。

　　練習2：所謂的＿＿＿＿＿，＿＿＿＿＿＿＿＿。

文化
聚焦

1. 請同學介紹自己國家的新年習俗，並跟課本中的華人新年做比較。

2. 試著用以下的吉祥話跟老師同學拜年。

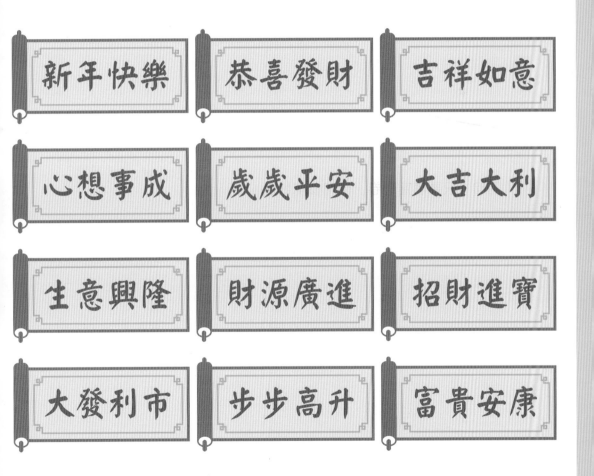

新年快樂

恭喜發財

吉祥如意

心想事成

歲歲平安

大吉大利

生意興隆

財源廣進

招財進寶

大發利市

步步高升

富貴安康

3. 華人喜歡用跟生肖年相關的吉祥話拜年。以下是跟十二生肖有關的賀
   年詞，你可以試試用這些賀年詞看跟家人朋友拜年。

生肖	賀年詞
鼠	鼠錢吉祥（鼠與數同音）
牛	金牛迎春
虎	龍騰虎躍
兔	玉兔迎春
龍	祥龍瑞氣
蛇	蛇年進財
馬	一馬當先
羊	洋洋得意（洋與羊同音）
猴	金猴獻桃
雞	金雞報喜
狗	旺旺招財（旺與狗叫聲「汪」同音）
豬	諸事大吉（諸與豬同音）

註：華人以十二種動物來代表年份，稱為十二生肖，從老鼠開始，按次序是鼠牛
   虎兔龍蛇馬羊猴雞狗豬。每一年對應一種動物，十二年一個循環。

4. 華文也有跟數字有關的賀年詞，一起來看看。

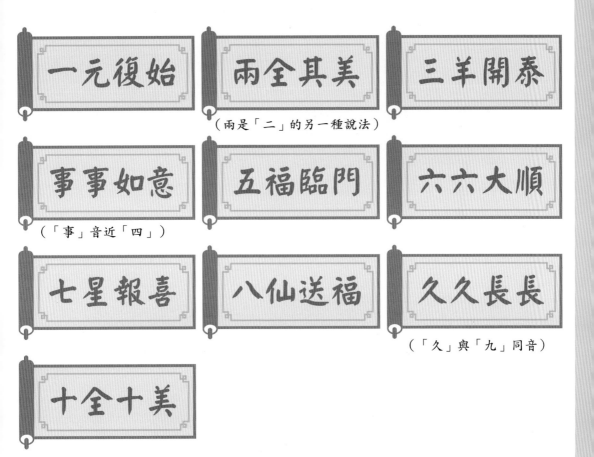

一元復始

兩全其美

（兩是「二」的另一種說法）

三羊開泰

事事如意

（「事」音近「四」）

五福臨門

六六大順

七星報喜

八仙送福

久久長長

（「久」與「九」同音）

十全十美

猜一傳統節日

清明前夜

謎底：元宵

03

元宵節

　　農曆正月十五日是元宵節，又稱為上元節或小過年。在農業社會時代，過完元宵節才表示新年假期結束。元宵節的傳統活動有吃元宵、提**燈籠**[1]、看花燈、猜燈謎，所以又稱為「燈節」。為什麼會有這些活動呢？

　　傳說天帝的寵物神鳥，有一天因為迷路而降落到人間，卻被不知道情況的獵人一箭射死。天帝知道後非常生氣，決定正月十五日這天要派天兵天將到人間放火，把人類通通燒死。**心地**[2]善良的公主聽到這個消息之後很擔心，就偷偷跑到人間，讓人們在正月十四、十五、十六日連著三天，在門口掛上紅燈籠及放煙火。到了這三天，人間四處充滿紅紅的火光，天帝以為人們都被燒死了，大家因此逃過一劫，沒有受到天帝的處罰。

根據歷史紀錄，宋代就有吃元宵的習俗，元宵是把**餡料**[3]沾水後，在糯米粉中滾動成圓形。常見的餡料有芝麻、花生、紅豆。到了元宵節當天，店家經常會在店面現場滾元宵，增添濃濃的過節氣氛。

看花燈是元宵節期間<u>不可或缺</u>[4]的活動，很多華人地區會舉辦燈會活動，<u>以</u>台灣<u>為例</u>，元宵節的燈會已經成為大型的觀光活動，吸引許多國內外的遊客來觀賞。元宵節花燈造型百變，<u>不論是</u>傳統的吉祥圖樣、生肖年造型花燈、<u>或是</u>加入使用科技的各式花燈，都能**展現**[5]創作者的**創意**[6]及**巧思**[7]，<u>往往</u>令人**讚嘆不已**[8]。

猜燈謎開始於南宋，文人把謎題寫在花燈上，內容大多是古典詩詞，讓大家賞花燈時也可猜謎同樂。雖然現代的燈謎不一定貼在花燈上，內容也不再**侷限**[9]於詩詞，但猜燈謎仍是一種**雅俗共賞**[10]的活動。

生詞註釋

	生詞	拼音	解釋
1	燈籠	dēng lóng	可提在手上或掛在屋簷下,作為照明或裝飾的一種用具。通常以細竹或鐵絲做骨架,外表糊上紗或紙;或用塑膠做成,使用蠟燭或電燈做為光源。
2	心地	xīn dì	指人的內心。
3	餡料	xiàn liào	包在米或麵食等食物中的作料。
4	不可或缺	bù kě huò quē	必須,不能缺少。
5	展現	zhǎn xiàn	展示顯現;表現。
6	創意	chuàng yì	表現出新的想法或做法。
7	巧思	qiǎo sī	巧妙的構想。
8	讚嘆不已	zàn tàn bù yǐ	無法停止讚美、驚嘆。
9	侷限	jú xiàn	拘束、限制。
10	雅俗共賞	yǎ sú gòng shǎng	文人與一般人都欣賞;指適合一般人的欣賞水準。

換你說一說

1. 不可或缺

　　例句：他是樂團中不可或缺的靈魂人物。

　　練習1：做菜時，＿＿＿＿＿＿＿是不可或缺的調味料。

　　練習2：＿＿＿＿＿＿＿＿＿＿是不可或缺的＿＿＿＿＿。

2. 以……為例

　　例句：以宗教為例，都是勸人做好事。

　　練習1：以＿＿＿＿＿為例，回收垃圾分類做得非常成功。

　　練習2：以＿＿＿＿＿為例，＿＿＿＿＿＿＿＿＿＿＿＿。

3. 不論是……，或是……

　　例句：不論是男孩，或是女孩，都是父母的寶貝。

　　練習1：不論是＿＿＿，或是＿＿＿，都是知名的社群媒體。

　　練習2：不論是＿＿＿，或是＿＿＿，＿＿＿＿＿＿＿＿。

4. 往往

　　例句：休息的時候，他往往去散步。

　　練習1：開心的時候，我往往＿＿＿＿＿＿＿＿。

　　練習2：＿＿＿＿＿，＿＿往往＿＿＿＿＿＿＿。

文化聚焦

1. 一起來猜燈謎

1 一個大哥三隻眼，每天路口來值班，人們看著他眼色，要是亂闖出危險。

猜一裝置

2 一隻小鳥真漂亮，紅色嘴巴綠衣裳。張嘴就愛學人話，你說什麼它說什麼。

猜一動物

3 說他是條牛，無法拉車跑，說他力氣小，卻能背屋跑。

猜一動物

4 外表白如雪，肚裡一團黑，從來不偷竊，硬說他是賊。

猜一動物

5 小小房屋是我家，家裡人多力量大，能寫字來能畫畫，個個都是小專家。

猜一文具

6　稀奇稀奇真稀奇，拿人鼻子當馬騎。

猜一物品

7　白天草裡住，晚上空中游，金光閃閃動，見尾不見頭。

猜一昆蟲

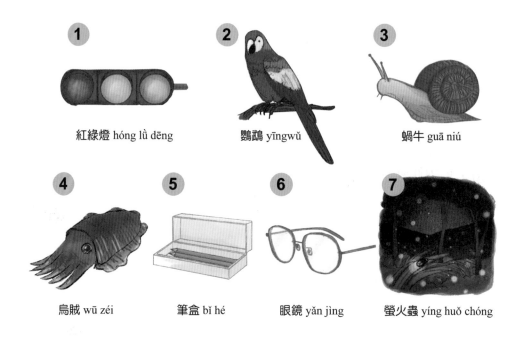

1　紅綠燈 hóng lǜ dēng

2　鸚鵡 yīngwǔ

3　蝸牛 guā niú

4　烏賊 wū zéi

5　筆盒 bǐ hé

6　眼鏡 yǎn jìng

7　螢火蟲 yíng huǒ chóng

2. 元宵節一定要吃元宵，一起來看一段滾元宵的影片。影片名稱【元宵到底是怎麼搖出來的？】https://youtu.be/22lP4sMkcjE

◆ 元宵

3. 近年來元宵節還有一項很受歡迎的活動就是「放天燈」。在世界各地，比如泰國、墨西哥、俄羅斯等地區都有施放天燈的習俗。而在華人社會中，中國大陸南方及台灣會在元宵節施放天燈祈求平安。在中國，傳說是三國時代的諸葛孔明在戰爭中為了發出求救訊號而設計出了天燈，也因此被稱為孔明燈。而在很多地區，施放天燈也演變成為一種節慶儀式，比如中國的四川平樂、台灣的平溪等地。

　　平溪放天燈已有百年的歷史，過去平溪人每次遇到強盜到村莊來騷擾居民，便躲到山中避難。等到危機解除，才由留守在村中的男人放天燈為信號，通知大家可以回家了。放天燈後來逐漸演變為向上天祈福許願的民俗活動。「平溪天燈節」多次被國際媒體推薦為必遊經典節慶，與德國慕尼黑啤酒節、義大利威尼斯嘉年華、西班牙奔牛節、巴西嘉年華等其他活動一樣受歡迎。

◆ 放天燈

04

清明節

　　清明節是個紀念祖先、慎終追遠的日子，人們會去掃墓祭祖來懷念逝去的親人。在中國傳統曆法中有二十四**節氣**[1]，清明是其中之一。原本指的是「**春分**[2]」後的第十五天，大概是陽曆四月五日前後。這段時期，氣候**宜人**[3]，萬物**欣欣向榮**[4]，令人感到舒適，於是稱為「清明」，後來才演變成為清明節。而清明節**相傳**[5]是古代皇室貴族會有「墓祭」之禮，就是在墳墓前祭拜**過世**[6]的祖先。慢慢地平民百姓也**模仿**[7]貴族進行墓祭，到了唐朝，清明節掃墓已經是民間很普遍的習慣。之後經過**歷代傳承**[8]，成為華人的固定習俗。在清明節這一天，親族家人一起聚在墓園清除雜草，整

理環境，並準備供品祭拜。掃墓除了是向逝去的親人表達**追思**[9]外，從信仰的<u>角度來看</u>，華人認為祖先的墳墓會影響後代子孫的**興衰**[10]，所以掃墓是一件很重要的事情。

　　清明節除了祭祖掃墓外，依各地風俗習慣而異，還會有許多不同的活動，最普遍的大概就是**踏青**[11]了。由於掃墓都需要到郊外，於是<u>在</u>祭拜祖先<u>之餘</u>，也順便享受大自然的美景，因此清明節又稱為踏青節。

生詞註釋

	生詞	拼音	解釋
1	節氣	jié qì	中國古代，依照太陽運行的位置，把一年平分為二十四等份，每等份都有名稱，這就是二十四節氣。
2	春分	chūn fēn	「春分」，二十四節氣之一。這一天，太陽會直射在赤道，所以南、北半球受到日照的時間一樣長，日夜一樣長。從這天起，白天會越來越長，夜晚越來越短。
3	宜人	yí rén	讓人覺得舒適的。
4	欣欣向榮	xīn xīn xiàng róng	草木繁盛的樣子；比喻蓬勃發展、繁榮興盛。
5	相傳	xiāng chuán	長期以來經由人們之口傳述，並非親眼所見。
6	過世	guó shì	死去。
7	模仿	mó fǎng	按照或學習別人的方法去做；仿照。
8	歷代傳承	lì dài chuán chéng	一代一代的傳接繼承。
9	追思	zhuī sī	追想懷念。
10	興衰	xīng shuāi	興盛與衰敗。
11	踏青	tà qīng	春天到野外郊遊。

換你說一說

1. 從……角度來看

例句：從學校的角度來看，作弊絕對是不可容忍的。

練習1：從＿＿＿＿＿＿角度來看，早睡早起有益健康。

練習2：從＿＿＿＿＿＿角度來看，＿＿＿＿＿＿＿＿＿。

2. 在……之餘

例句：在工作之餘，我喜歡和朋友吃飯聊天。

練習1：在＿＿＿＿之餘，他決定到餐廳打工，為自己累積工作經驗。

練習2：在＿＿＿＿之餘，＿＿＿＿＿＿＿＿＿＿。

文化聚焦

1. 一起來欣賞一首跟清明節有關的唐詩

清明（唐 杜牧）

> 清明時節雨紛紛，路上行人欲斷魂；
> 借問酒家何處有，牧童遙指杏花村。

語譯：清明時候，綿綿細雨下個不停；這種節日加上這種天氣，讓路上的
行人都情緒低落。問路上放牛的小牧童哪裡有酒店，牧童指向遠處
的杏花村。

欲斷魂：靈魂好像要跟身體分開一樣，形容非常傷感。

牧童：看顧牛羊吃草的小孩。

2. 除了華人社會以外，包含韓國、越南、馬來西亞等地也都有過清明節
的習俗。也許你的國家沒有清明節，但是請跟大家分享，在你的國家
是用什麼樣的方式，在什麼時間紀念過世的親人？你也可以參考下列
影片了解更多華人掃墓活動。

影片名稱【清明節一般掃墓祭祖先過程】https://www.youtube.com/
watch?v=0dpiaLQH6NY

端午節

　　端午節是農曆的五月五日，關於端午節由來的故事，相信很多人都<u>耳熟能詳</u>[1]。在中國戰國時代，楚國國王沒有聽從忠臣屈原的建議，反而聽信其他大臣的話，認為屈原**背叛**[2]國家，便將屈原**流放**[3]到**邊境**[4]。後來楚王因不聽屈原勸告而死於秦國，楚國國力也因此越來越弱，屈原聽到這個消息十分難過，便在五月五日這天抱著石頭跳入汨羅江自殺了。當地的人們<u>被</u>屈原<u>所感動</u>，希望魚不要吃掉屈原的屍體，因此用竹葉包著糯米丟進江中給魚吃，也有人划船尋找屈原的屍體，這就是端午節包粽子、划龍舟的由來。由於屈原是詩人，所以這一天也被稱為「詩人節」。端午節不僅是華人，也是日本、韓國、越南等地的重要傳統節日。

　　華人除了划龍舟、吃粽子以外，還有哪些端午節習俗呢？端午節會在家門口懸掛**菖蒲**[5]及**艾草**[6]，小孩會配戴放有香藥的香包，用**香茅**[7]燒水洗澡，成人喝雄黃酒，這些習俗都是為了驅除**疾厄**[8]。端午節正好是初夏，天氣轉濕熱，病菌容易**滋生**[9]，使用菖蒲及艾草等香藥來清潔空氣和殺菌防病是古人的生活智慧。此外，人們相信如果**午時**[10]能在地面上立起雞蛋，就會有好運，這就是俗稱的「午時立蛋」。有些人會在午時喝水或淋浴，因為一般相信端午節的午時水有**解毒去病**[11]的功效。

　　俗語說：「未食端午粽，**破裘**[12]不可送」，意思是說過了端午節，天氣才會比較穩定轉熱，這時才適合把厚重衣物收起來。端午節過後，人們開始準備迎接**炎炎**[13]夏季的到來。

生詞註釋

	生詞	拼音	解釋
1	耳熟能詳	ěr shú néng xiáng	聽得非常熟悉，因此能詳盡地說出來。
2	背叛	bèi pàn	違背、反叛。
3	流放	liú fàng	將罪犯趕到很遠的地方。
4	邊境	biān jìng	國界，表示很遠的地方。
5	菖蒲	chāng pú	一種植物，根莖可以製成香料。習俗上，端午節當天會將菖蒲的葉子插在門口。
6	艾草	ài cǎo	一種植物，可以針灸治病。
7	香茅	xiāng máo	一種植物，有特殊的香氣。
8	疾厄	jí è	疾病及災難。
9	滋生	zī shēng	繁殖、生長。
10	午時	wǔ shí	古代將一日分成十二個時段，「午時」指上午十一點到下午一點這一段時間。
11	解毒去病	jiě dú qù bìng	解除毒素、去除疾病。
12	破裘	pò qiú	破舊的皮衣。裘，用動物毛皮做成的衣服。
13	炎炎	yán yán	很熱的樣子。

換你說一說

1. 耳熟能詳

例句：這是一首大家都耳熟能詳的流行歌曲。

練習1：_____是_____都耳熟能詳的故事。

練習2：_____是_____耳熟能詳的_____。

2. 被……所感動

例句：我被他的誠心所感動，答應替他擔任說明會的主持人。

練習1：媽媽被孩子的_____所感動，決定跟孩子一起學習華語。

練習2：_____所感動，_____。

文化
聚焦

1. 華人過端午節吃粽子，其他也過端午節的地方是不是也吃粽子？大家
   的粽子都是一樣的嗎？一起來看看各國不一樣的粽子。

日本粽

　　端午節吃粽子的習俗在奈良時代從中國傳到日本，端午節在日本又稱
男兒節，不過在日本端午節食物的習俗各地大不相同，在東日本習慣吃柏
餅（かしわもち）慶祝男兒節，在西日本則是吃粽（ちまき）。

越南粽

　　越南在過年時吃粽子。是以芭蕉葉包成四方形的大粽子，餡料一般是
黃豆或綠豆豬肉。

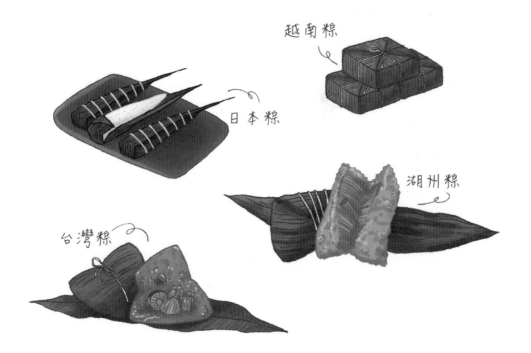

越南粽

日本粽

湖州粽

台灣粽

台灣粽

在台灣，一般將粽子稱呼為「肉粽」。常見的餡料包括豬肉、栗子、花生、香菇。粽子除了是端午節的應景食物外，一般人也會在平常食用。

湖州粽

湖州粽是在台灣很受歡迎的中國口味粽子，鹹的口味包豬肉， 甜的口味則是包紅豆沙。

◆ 粽子的材料

2. 老師也可以帶同學做做看用其他材料做成裝飾品的粽子。

  (1) 準備材料：

- 塑膠吸管或各種顏色的紙張（用厚一點的紙張來做會比較容易，做出來的成品也會比較挺）。

- 美工刀或剪刀。

  (2) 步驟：

- 縱向剪開吸管成長條狀或將紙裁成長約 20 公分，寬約 0.5 公分的長紙條（寬度可依製做的粽子大小決定）。

- 摺粽子步驟如下：

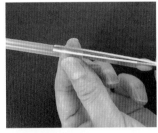

1. 用剪刀把吸管剪開來。

2. 從下方往右折一個三角形。

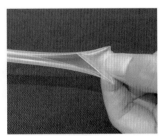

3. 把三角形向上折。

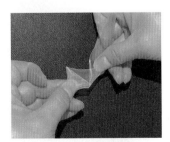

4. 從上方向左邊摺出一個三角形。

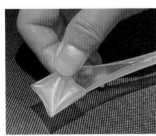

5. 接著將三角形往下壓在正方形上面。

6. 把這個正方形向右邊折兩次。

7. 折完後將這個正方形打開，會看到一個開口。

8. 將吸管剩下的部分沿著開口包起來。包的時候要注意粽子的形狀，要維持立體的樣子，這樣包出來的粽子才會漂亮。

9. 一直包，包到最後，你會發現吸管還剩一小截，順著方向將剩下的吸管塞到縫隙裡面，這樣就完成一個由吸管做成的小粽子。

七夕

　　農曆七月七日夜晚稱為「七夕」，傳說是牛郎星與織女星在天上一年一度相會的日子。七夕又稱「乞巧節」，乞巧在古代是一項很重要的活動，無論是在皇宮還是民間，乞巧儀式都非常**隆重**[1]。現代我們說七夕是華人的情人節，情人在這一天一起慶祝、互贈禮物，希望**有情人終成眷屬**[2,3]。而為什麼七夕節又叫「乞巧節」？「情人節」又是怎麼來的呢？

　　相傳織女是天帝第七個女兒，**手藝**[4]非常巧，特別**擅長**[5]織布，織出來的布光滑柔軟。天帝很疼愛這個女兒，希望她幸福快樂，所以把她**許配**[6]給人間一位工作認真的**放牛郎**[7]。沒想到這對新婚夫妻從此**貪圖**[8]歡樂，**荒廢**[9]工作，織女不再織布，牛郎也不去放牛。天帝很生氣，便將兩人分開，一個

住在天河的東邊，一個住在天河的西邊。每年只有在農曆七月七日夜晚，會有千萬隻的**喜鵲**[10]飛來搭成鵲橋，讓牛郎織女見面相聚。據說七夕這天通常會下著毛毛雨，這毛毛雨就是牛郎織女**相思**[11]的淚水。因七夕有著牛郎織女的美麗傳說，所以現代大家稱七夕為情人節，被認為是最浪漫的傳統節日。

　　七夕在中國各地及台灣都有「乞巧」的習俗，但是形式則<u>依</u>地方<u>而有所不同</u>。在古代，**針線**[12]技巧是女性重要的能力之一，「乞巧」就是向織女**乞求**[13]能有一雙巧手，才能**刺繡**[14]織布。到後代慢慢演變為未婚少女許願找到**如意郎君**[15]，不再只是乞求巧手而已。到了今天，各地的乞巧活動漸漸**式微**[16]，情人節的商業氣氛反而**後來居上**[17]，成為七夕的主要活動。另外，台灣有個溫馨的習俗，織女被稱為「七娘媽」（因為是第七個女兒），民間認為她是守護小孩的「床母」。七夕除了要拜七娘媽，也會另外準備一碗油飯和麻油雞到孩子睡的床邊祭拜床母，並焚燒紙錢，希望孩子平安長大。

生詞註釋

	生詞	拼音	解釋
1	隆重	lóng zhòng	盛大而慎重。
2	眷屬	juàn shǔ	親人、家屬、或夫婦。
3	有情人終成眷屬	yǒu qíng rén zhōng chéng juàn shǔ	有感情的戀人終於可以結婚，成為夫妻。
4	手藝	shǒu yì	用手製作東西的技術。
5	擅長	shàn cháng	在某方面有專長。
6	許配	xǔ pèi	古時女子由家長決定，跟某人結婚。
7	放牛郎	fàng niú láng	古時看牛吃草的男人。
8	貪圖	tān tú	希望得到某種好處。
9	荒廢	huāng fèi	疏忽、廢棄；應該做的事而沒有做。
10	喜鵲	xǐ què	一種鳥的名稱，象徵好運及福氣。
11	相思	xiāng sī	彼此想念。
12	針線	zhēn xiàn	在此指縫衣服、刺繡等工作或作品。
13	乞求	qǐ qiú	請求。
14	刺繡	cì xiù	用彩色的線在布上繡出各種圖案。
15	如意郎君	rú yì láng jūn	理想的丈夫。
16	式微	shì wéi	衰落、沒落；不受重視。
17	後來居上	hòu lái jū shàng	後來的勝過先前的。

換你說一說

依……而有所不同

例句：米的價錢依產地而有所不同。

練習1：收費方式依_____而有所不同。

練習2：_____依_____而有所不同。

文化
聚焦

1. 在七夕情人節，情人們會互相贈送禮物來表達情意。而華人的習俗裡，有些禮物是不適合拿來送給情人。比如送扇子或雨傘，因為「扇」跟「傘」的發音跟「散」相近，送情人表示分散；送鞋子則有請人走路離開的意思；送梨給對方，不要切一半分享，因為「分梨」跟「分離」同音。

   請說說看在你的國家，情人們如何互贈禮物；另外，有什麼送禮物的禁忌嗎？

2. 你的國家也有情人節嗎？是在哪一天？是否有特殊有趣的傳說呢？

中元節

　　萬聖節是西方**家喻戶曉**[1]的鬼節，華人社會也有類似的節日，我們稱農曆七月為鬼月，而鬼節就是七月十五日的「中元節」。中元節與除夕、清明節、重陽節<u>被稱為</u>中國傳統四大祭祖節日。

　　農曆七月<u>之所以</u>被稱為鬼月，據說是從七月一日起**閻羅王**[2]就下令打開地獄之門（也稱鬼門），讓那些**終年**[3]被關在地獄的鬼魂們暫時離開地獄，獲得短期的自由，享受人間食物。因此到了農曆七月中**旬**[4]，民間會舉行盛大的祭祖活動，同時還會擺出豐盛的祭品酒水、焚燒紙錢、或是**誦經**[5]**作法**[6]，來超**渡**[7]**無主鬼魂**[8]，祈求保佑家宅平安，這樣的祭祀活動稱為

「中元普渡」。我們暱稱[9]這些鬼魂為「好兄弟」，希望這些好兄弟吃得飽飽的回陰間[10]。七月最後一天，就是七月三十日，閻羅王再度關上鬼門，這一天好兄弟們就得通通回到地府[11]。

「普渡」這個習俗據說來自於一位孝女叫做目連，她的母親做了很多壞事，死後變成餓鬼。目連知道後十分傷心，想拿一些飯菜給母親吃，可是每次飯一到母親的嘴邊就化為灰燼[12]。目連請佛祖幫忙，佛祖要求目連每年七月中旬在盤中放置各種食物給僧人[13]吃，她的母親才能免除罪過。目連按照佛祖指示來做，她的母親終於得到解脫[14]。後來這一傳說逐漸演變，從供養[15]僧人演變成供養鬼魂。

昔日[16]移民社會中，有很多的移民隻身[17]離鄉背井[18]，而後發生意外客死異鄉[19]，成了無主鬼魂。普渡活動祭祀這些無人祭拜的好兄弟，除了宗教層面的安定人心外，更蘊含[20]了互助精神，令人感念。由於七月鬼魂充斥[21]陽間，人們認為是不吉的月份，因此鬼月的禁忌特別多，尤其是不宜辦喜事，結婚、買房子、搬家等等都會避免在農曆七月進行。大人也會禁止小孩在這個月到水邊或海邊玩水、游泳，傳說「水鬼」為了投胎[22]會找人當替死鬼[23]。

生詞註釋

	生詞	拼音	解釋
1	家喻戶曉	jiā yù hù xiǎo	家家戶戶都知道，形容事情或名聲傳布廣遠。
2	閻羅王	yán luó wáng	管理地獄的神。
3	終年	zhōng nián	整年。
4	旬	xún	十天為一旬，一個月分為上旬、中旬、下旬。
5	誦經	sòng jīng	佛教徒或和尚尼姑念佛經。
6	作法	zuò fǎ	作法事；僧人舉行宗教儀式來祈福或消災。
7	超渡	chāo dù	佛教或道教指藉由誦經或作法事，來幫助死者的鬼魂脫離苦難。
8	無主鬼魂	wú zhǔ guǐ hún	沒有人祭拜的鬼魂。
9	暱稱	nì chēng	小名或親暱的稱呼；非正式的名字，表示親近的關係。
10	陰間	yīn jiān	人死後靈魂居住的地方。
11	地府	dì fǔ	即陰間。
12	灰燼	huī jìn	物體燃燒後所剩下的粉屑。
13	僧人	sēng rén	佛教的出家人，即和尚與尼姑。
14	解脫	jiě tuō	解除、擺脫。
15	供養	gòng yǎng	佛教用語。佛教徒提供僧人生活上所需要的食物、物品或金錢。
16	昔日	xí rì	從前。
17	隻身	zhī shēn	獨自一人。

	生詞	拼音	解釋
18	離鄉背井	lí xiāng bèi jǐng	鄉和井均指家鄉；離開故鄉，在外地生活。
19	客死異鄉	kè sǐ yì xiāng	死在離家鄉很遙遠的地方。
20	蘊含	yùn hán	包含。
21	充斥	chōng chì	充滿，到處都是。
22	投胎	tóu tāi	人或動物死後，靈魂投入母胎，換到下一個生命的開始。
23	替死鬼	tì sǐ guǐ	傳說中，鬼魂如果要投胎轉世，必須尋找一個活人來代替自己，這個人就稱為「替死鬼」。

換你說一說

1. 被稱為

　　例句：紐約市也被稱為「大蘋果」。

　　練習 1：巴黎被稱為＿＿＿＿＿＿＿＿＿。

　　練習 2：＿＿＿＿＿被稱為＿＿＿＿＿＿＿＿。

2. 之所以（……的原因）

　　例句：這首歌之所以這麼受歡迎，是因為旋律很輕快。

　　練習 1：跑車之所以＿＿＿＿＿，是因為性能很好。

　　練習 2：＿＿＿＿＿之所以＿＿＿＿＿，＿＿＿＿＿。

文化
聚焦

1. 你看過鬼嗎？請用活動單上的問題，訪問你的同學，討論大家對鬼的
   想法。

問題	同學名字
相信有鬼	
看過鬼	
聽過鬼的聲音	
感覺過鬼的存在	
覺得鬼會害人	
覺得鬼會幫助人	
怕鬼	
不怕鬼	

2. 說說看

   * 你覺得鬼長什麼樣子？

   * 你覺得鬼會說話嗎？

   * 你認為在什麼情況下會看到鬼？

   * 你認為在什麼地方最容易看到鬼？

   * 如果你遇到鬼，你會怎麼做？

3. 在你的國家，以下日子（或活動）有什麼特別的禁忌嗎？

- 出生（生小孩）

- 結婚（婚禮）

- 葬禮

- 節慶（特殊節日）

- 其他

4. 你覺得這個故事可怕嗎？

醫院鬼話

　　一位醫生在做完急診後已是午夜，正準備回家。走到電梯門口，看到一位女士，就一同搭電梯下樓，可是電梯到了一樓還不停，一直向下。到了地下三樓時，電梯門開了，一個小女孩出現在他們眼前，低著頭說要搭電梯。醫生看了一眼急忙關上電梯門，女士奇怪地問：「為什麼不讓她上來？」醫生說：「地下三樓是我們醫院停放屍體的地方，醫院給每個屍體的右手都綁了一根紅絲帶。她的右手有一根紅絲帶……。」女士聽了，慢慢伸出右手，冷冷地說：「是不是……這樣的一根紅繩啊？」

中秋節

　　農曆八月是秋季的第二個月份，**俗稱**[1]為中秋，而滿月的十五日，就是華人的中秋節。你聽過「月到中秋**分外**[2]明」，「中秋月圓人團圓」這些俗語嗎？過中秋節的習俗開始於一千年前的唐朝，在明清時代就已經是華人重要的傳統節日之一，有許多過節的活動都跟月亮<u>息息相關</u>[3]。其實不僅是華人，許多亞洲國家也都有相同的傳統，但是過節的習俗則<u>因地而異</u>；在華人社會，除了家人團圓之外，主要的習俗還有祭月、賞月、吃月餅、賞桂花等活動。關於中秋節的傳說非常多，也都跟月亮有關係。在這麼多的傳說中，「嫦娥奔月」是最著名的故事。

　　傳說遠古時候天上同時出現十個太陽，曬得農地乾旱[4]、民不聊生[5]。當時有一位神射手[6]后羿，拿起弓箭，一口氣射下九個太陽，氣候從此變得涼爽舒適，農作物才能生長。人們為了感謝后羿，就請他當他們的王。但是后羿卻得意忘形[7]，整天只顧著吃喝玩樂，不管國事，百姓過著很辛苦的日子。后羿希望能夠長命百歲，因此從王母娘娘[8]那裡求了長生不老[9]藥。他的妻子嫦娥很擔心后羿如果長生不老，人們的苦日子便永無止盡[10]，因此趁后羿不在時偷偷吃掉了他的長生不老藥。沒想到吃了藥之後，嫦娥的身體立刻輕飄起來，一直飛到月亮上。嫦娥從此一個人孤零零[11]的住在月亮上的殿宮，只有兩隻玉兔陪著她。

　　月圓象徵團圓，加上秋高氣爽[12]、溫度宜人，所以中秋節當天除了祭拜活動之外，還會全家人團聚共享天倫之樂[13]，一起吃圓圓的月餅賞月。中秋節一定要吃的食物除了月餅之外，其他地區各有各自的應景[14]食物，在台灣是當季的水果柚子。柚子又大又圓，象徵「團圓」；「柚」與「佑」同音，有保佑家人平安之意。近年來烤肉慢慢變成台灣中秋節的熱門活動，甚至已成為不可或缺的聚會方式了。

◆ 月餅

生詞註釋

	生詞	拼音	解釋
1	俗稱	sú chēng	通俗的名稱、稱呼。
2	分外	fèn wài	特別。
3	息息相關	xí xí xiāng guān	比喻關係非常密切。
4	乾旱	gān hàn	降雨量過少或水源不足，導致土壤、氣候太過乾燥。
5	民不聊生	mín bù liáo shēng	人民無法生活下去。形容人們生活非常困苦。
6	神射手	shén shè shǒu	形容射箭很準的人。
7	得意忘形	dé yì wàng xíng	因為太高興而控制不住自己，失去了應有的態度。
8	王母娘娘	wáng mǔ niáng niang	神話傳說中的女神，玉皇大帝的妻子。
9	長生不老	cháng shēng bù lǎo	生命長久存活，永不衰老。
10	永無止盡	yǒng wú zhǐ jìn	永遠沒有結束的時候。
11	孤零零	gū líng líng	孤單一個。
12	秋高氣爽	qiū gāo qì shuǎng	形容秋季天空晴朗，氣候涼爽舒適。
13	天倫之樂	tiān lún zhī lè	家人團聚時的歡樂。
14	應景	yìng jǐng	為了配合或應付當前的情景、節慶。

換你說一說

1. 息息相關

   例句：空氣品質跟我們的生活息息相關。

   練習1：收入跟＿＿＿＿＿息息相關。

   練習2：＿＿＿＿＿跟＿＿＿＿＿息息相關。

2. 因……而異

   例句：糖醋排骨的做法因人而異，有很多的變化。

   練習1：婚禮因＿＿＿＿＿而異，所以有不一樣的禮俗。

   練習2：＿＿＿＿＿因＿＿＿＿＿而異，＿＿＿＿＿＿＿。

文化
聚焦

1. 古代的中國人相信月亮裡面住著神明，不可以用手指指月亮，因為這樣是對月亮不敬。請跟大家分享，你的國家是否有關於月亮的禁忌或迷信呢？

2. 你的國家也有中秋節嗎？如果有，請告訴我們有那些習俗？或是你的國家也有跟月亮相關的節慶，請告訴我們是甚麼樣的節慶？是在哪一天？如何慶祝？

3. 華人常常喜歡用月亮來代表浪漫或表達思念，我們一起來欣賞一些跟月亮有關的詩詞：

   - 床前明月光，疑是地上霜，舉頭望明月，低頭思故鄉。—李白〈靜夜思〉

   - 露從今夜白，月是故鄉明。—杜甫〈月夜憶舍弟〉

   - 人有悲歡離合，月有陰晴圓缺。—蘇軾〈水調歌頭〉

   - 但願人長久，千里共嬋娟。—蘇軾〈水調歌頭〉

   除了詩詞外，月亮也常出現在成語中，比如：

   花好月圓：花兒盛開，月亮圓滿，比喻圓滿美好的生活，常用在祝福人新婚。

   花容月貌：形容女子的容貌像花一樣美麗，像月亮般豐潤。

   月下老人：俗稱月老，是管理婚姻的神。後來被引用為媒人。

重陽節

09

　　對於長輩的敬重是華人社會特有的文化，因此有一個特別的節日稱為
「重陽節」，又稱敬老節，就是農曆的九月九日。古人把「九」定為陽數；
九月九日兩陽重疊，所以稱為「重陽」。關於重陽節的活動，唐朝詩人王
維在〈九月九日憶山東兄弟〉這首詩中寫道「遙知兄弟登高[1]處，遍插茱
萸[2]少一人」，這是描寫當天民眾會爬山與插茱萸的習俗。除了登高、插
茱萸外，喝菊花酒、放風箏也是重陽節的習俗，因為這個季節菊花盛開，
酒與九同音；放風箏表示著放掉晦氣[3]。

　　根據中國歷史傳統，九是陽數之**最**[4]，九九重陽本來是個值得慶祝的吉利日子，但流傳到後代，因為帝王被稱為**九五之尊**[5]，小老百姓自認**無福消受**[6]，所以開始**迴避**[7]九，慢慢就有**逢九不吉**[8]須避開的概念。而

民間傳說「重陽節登高是為了避難」此說法開始於東漢（西元 25 年～西元 220 年）。某天有位仙人警告他的學生桓景，九月九日會有災難，請大家手臂綁著茱萸，爬到高山上喝菊花酒，就能平安無事，消災解禍。桓景聽從指示，在九月九日帶著家人登山避災，等到傍晚下山時，發現許多家禽家畜以及鄰居都**暴斃**[9]。從此之後大家都在重陽節登高、配戴茱萸、飲用菊花酒，希望能**避邪**[10]。

　　到了現代，很多習俗漸漸消失，<u>取而代之</u>的是各式各樣的敬老活動，那是由於重陽節的「九九」又跟「久久」同音，有長久長壽的意思，蘊含著對老人長命百歲，健康久久的祝願，因此就會在重陽節舉辦很多敬老活動。在香港及澳門，重陽節是除了清明節之外，人們會去掃墓的日子。而在台灣，重陽節則會在家裡祭拜祖先。據說是在初期的移民社會裡，大家物資都不豐富，沒有辦法在每一位祖先的**忌日**[11]祭拜，因此就統一在重陽節這天祭祖。代代相傳，成了現代重陽節的習俗。政府也會利用這天進行各種敬老活動，提醒民眾要尊敬及珍惜老人。

生詞註釋

	生詞	拼音	解釋
1	登高	dēng gāo	爬山。
2	茱萸	zhū yú	一種植物,具備殺蟲消毒、避免感冒的功能。
3	晦氣	huì qì	倒楣、不好的運氣。
4	最	zuì	極;程度最高。
5	九五之尊	jiǔ wǔ zhī zūn	中國古代以龍代表皇帝。易經中「九五」之卦與龍有關,是最為吉利的卦相。所以用「九五」來稱呼帝王,比喻帝王具有非常好的運勢。
6	無福消受	wú fú xiāo shòu	沒有福氣享受。
7	迴避	huí bì	因為害怕而離開、躲避。
8	逢九不吉	féng jiǔ bù jí	歲數遇到尾數九(例如 39、49、59、69 歲等等)的那一年運勢不好,容易發生意外之災。
9	暴斃	bào bì	突然死亡。
10	避邪	bì xié	避開妖邪。
11	忌日	jì rì	一個人去世的日子。

換你說一說

取而代之

例句:體積大的手機不再受大家的喜愛,取而代之的是輕巧型的手機。

練習 1:團體旅行漸漸式微,取而代之的是＿＿＿＿＿＿。

練習 2:＿＿＿＿＿＿＿,取而代之的是＿＿＿＿＿＿。

1. 說說看，你的國家有沒有特別關於老人的活動？

2. 說說看，你的國家提供什麼樣的老人社會福利？

3. 民間習俗裡，認為只要是虛歲＊年紀遇到九，當年運勢就會不好，因此要特別注意。例如幫老人過 79 歲的生日時，為了迴避九，我們會說是慶祝 80 歲的生日。關於這個禁忌有個有趣的說法是，陰間的閻羅王會清查生死簿，隨意挑選生死簿上年紀尾數是九的人，被他挑中的人就會被訂下死期，因此大家都避免過年紀尾數是九的生日，深怕讓閻羅王發現。除了不過生日之外，一般也相信年紀逢九不適合結婚。

（＊請參考第十一單元文化聚焦）

教師節

　　聯合國教科文組織 (UNESCO) 和國際勞工組織 (ILO) 在 1994 年共同
發起，訂定每年的 10 月 5 日為世界教師日，來感謝教育工作者的辛勞。
在世界各地，很多國家都有教師節，但日期及紀念的對象則各不相同。在
台灣，教師節是孔子**誕辰**[1] 的 9 月 28 日，孔子是受到所有華人尊敬的偉大
老師，我們**推崇**[2] 他為「至聖先師」，因此把孔子的生日訂為教師節。而
中國則是秋季新學期開始的 9 月 10 日。

　　孔子是春秋時代魯國人（西元前 551 年～西元前 479 年）。他的父
親在他很小的時候就過世了，從小家境不好，一直到十五歲的時候，才有
機會唸書。由於讀書機會**得來不易**[3]，所以孔子十分**好學**[4]，不放過任何學
習機會，因此打下了深厚的學問**基礎**[5]。孔子的學生一共有三千多人，他

63

在教育方面最重要的**主張**[6]是「有教無類」和「因材施教」。古時只有貴族才有接受教育的機會，「有教無類」指的就是教育的對象沒有貧富或聰明愚笨的分別，所以孔子可以說是中國歷史上第一個實行平民教育的人。「因材施教」則是根據學生的不同的**資質**[7]而給予不同的教導方式。孔子的教育**理念**[8]至今**歷久不衰**[9]，很受後人尊敬。

孔子生日這一天，台灣各地的孔廟都按照三千年前的古禮，舉行**黎明**[10]祭孔大典，當中最重要的儀式是由祭祀者演奏古樂，穿著古服跳「八佾舞」。佾是古代樂舞的行列，所謂的「八佾舞」是八行八列共計六十四位舞者，跳著唐朝流傳下來的舞步，來表達對孔子最高的敬意。早期典禮後有拔智慧毛活動，觀禮民眾可以拔祭孔牛隻身上的毛（俗稱智慧毛）。一般人認為這隻牛祭拜過孔子，身上的毛可以讓學生增加智慧，考試順利。不過現在大多已經取消，改發智慧餅取代。

生詞註釋

	生詞	拼音	解釋
1	誕辰	dàn chén	生日。
2	推崇	tuī chóng	推薦、敬重。
3	得來不易	dé lái bù yì	花了很多力氣、心力才得到。
4	好學	hào xué	喜歡學習、認真學習。
5	基礎	jī chǔ	建築物的根基；事物發展的根本或起點。
6	主張	zhǔ zhāng	對事物所抱持的意見。
7	資質	zī zhí	一個人的能力、智力等。
8	理念	lǐ niàn	看法、想法。
9	歷久不衰	lì jiǔ bù shuāi	經歷長久的時間卻不衰退。
10	黎明	lí míng	天快亮的時候。

換你說一說

根據……，而

例句：這是根據我的經驗而做出的決定。

練習1：價錢是根據＿＿＿＿＿而＿＿＿＿＿。

練習2：＿＿＿＿＿是根據＿＿＿＿而＿＿＿＿＿。

文化
聚焦

1. 孔子是華人社會中最偉大的教育家。被聯合國教科文組織評選為世界
   十大文化名人之一，我們一起來閱讀孔子的名言佳句，認識他的思想。

   ● 身體髮膚，受之父母，不敢毀傷，孝之始也。

   ● 工欲善其事，必先利其器。

   ● 小不忍則亂大謀。

   ● 人而無信，不知其可也。

   ● 己所不欲，勿施於人。

◆ 孔子教學圖

2. 說說看你心目中的理想的老師該具備哪些條件？（教學方面、態度方面、互動方面等等）

3. 請跟大家分享讓你印象很深刻的老師，什麼原因讓你忘不了這位老師？

4. 你的國家的教師節是哪一天？你們都怎麼慶祝？

5. 最後我們來學一下跟老師相關的成語：

三人行必有我師：眾人走在一起，其中一定有我能夠學習的人。

桃李滿天下：桃李，指所教的學生。比喻學生很多，各地都有。

一日為師，終身為父：即使只教過自己一天的老師，也要一輩子當做父親看待。比喻十分尊重老師。

好為人師：喜歡當別人的老師。指人不謙虛，喜歡教導別人。

誤人子弟：用來指責不稱職的老師或老師用來謙稱自己的工作。

冬至

11

　　古代中國人**根據**太陽照在**日晷**¹的**軌跡**²，把一年分為二十四等份，**稱為**二十四節氣，「冬至」是計算二十四節氣的起點。冬至的「至」是「到來」的意思，所以冬至表示冬天到來了。這一天因為陽光直射**南回歸線**³，所以北半球**白晝**⁴最短、黑夜最長。北半球的冬至一般都在陽曆 12 月 21 日到 12 月 23 日之間。冬至最主要的活動除了祭拜神明與祖先，還有**搓**⁵湯圓和全家吃湯圓。湯圓象徵一家大小團圓過冬，圓圓滿滿。不過中國北方人也有吃水餃、餛飩的習俗，各自有不同的飲食文化。在**秋收冬藏**⁶的農業社會，人們利用這段時期休息並準備過年，是個**僅次於**新年的重要節日，因此才會有**俗諺**⁷「冬至大如年」的說法。所以華人常說，吃過冬至

湯圓代表又長大一歲。湯圓是以**糯米**[8]製成，一般做成紅、白兩色。把糯米糰搓成圓形的過程稱為「搓湯圓」。搓成湯圓後，加入糖水煮成湯圓甜湯。

因為冬至代表冬天真正來臨了，華人流行冬令進補，就是在冬至食用補品，認為可以增強體力，讓明年的身體更健康，即所謂「補冬」。補冬的方式就是全家人一起吃**藥膳**[9]飲食，讓身體感到暖和，不再寒冷。台灣人常吃的是麻油雞湯、薑母鴨，或其他中藥材**燉煮**[10]的湯品。

民間有許多的俗諺使用冬至當日的天氣，來預測之後的天氣狀況。比如「冬至黑，過年疏；冬至疏，過年黑」，意思是如果冬至當天陰雨，那麼過年就會放晴；反之，冬至如果是晴天，那麼過年就會下雨。這些都是古代的人長期經驗**累積**[11]而來的生活智慧。下次有機會你也可以觀察一下喔！

生詞註釋

	生詞	拼音	解釋
1	日晷	rì guǐ	古人利用太陽的影子測得時間的一種計時儀器。
2	軌跡	guǐ jī	一個點在空間移動,它所通過的全部路徑。
3	南回歸線	nán huí guī xiàn	地球上一條假想的水平線。約在南緯 23.5 度。每年冬至時,太陽直射此線。
4	白晝	bái zhòu	白天。
5	搓	cuō	兩手互相磨擦。
6	秋收冬藏	qiū shōu dōng cáng	秋天收割穀物,冬天儲存糧食。
7	俗諺	sú yàn	俗語。
8	糯米	nuò mǐ	一種比較黏的米,可用來做糕點。
9	藥膳	yào shàn	用中醫藥材配合食物煮成的補品。
10	燉煮	dùn zhǔ	把食物、藥材等加水用小火煮到爛熟。
11	累積	lěi jī	層層增加;積聚。

換你說一說

1. 根據……稱為……

   例句：根據農曆，十二月稱為臘月。

   練習1：根據報導，_____稱為_____。

   練習2：根據_____，_____稱為_____。

2. 僅次於

   例句：總經理的權力僅次於董事長。

   練習1：豆腐的營養僅次於_____。

   練習2：_____僅次於_____。

1. 二十四節氣

　　古人根據太陽行走的路徑，把一年劃分為 24 個相等的段落，每等份各佔經度 15 度；由於太陽通過每等份所需的時間幾乎相等，所以二十四節氣的陽曆日期每年大致相同。節氣對於古代農業社會的作息非常重要，然而現代社會科技發達，節氣的功能不再那麼重要。所以只有幾個節氣比較受到現代華人重視，如冬至、清明、夏至。

◆ 冬至湯圓

2. 二十四節氣的名稱與時間

季節	節氣名	時間（陽曆）
春季	立春	2 月 3 或 4 或 5 日
	雨水	2 月 18 或 19 或 20 日
	驚蟄	3 月 5 或 6 或 7 日
	春分	3 月 20 或 21 或 22 日
	清明	4 月 4 或 5 或 6 日
	穀雨	4 月 19 或 20 或 21 日

季節	節氣名	時間（陽曆）
夏季	立夏	5 月 5 或 6 或 7 日
	小滿	5 月 20 或 21 或 22 日
	芒種	6 月 5 或 6 或 7 日
	夏至	6 月 20 或 21 或 22 日
	小暑	7 月 6 或 7 或 8 日
	大暑	7 月 22 或 23 或 24 日
秋季	立秋	8 月 7 或 8 或 9 日
	處暑	8 月 22 或 23 或 24 日
	白露	9 月 7 或 8 或 9 日
	秋分	9 月 22 或 23 或 24 日
	寒露	10 月 7 或 8 或 9 日
	霜降	10 月 23 或 24 日
冬季	立冬	11 月 7 或 8 日
	小雪	11 月 21 或 22 或 23 日
	大雪	12 月 6 或 7 或 8 日
	冬至	12 月 21 或 22 或 23 日
	小寒	1 月 5 或 6 或 7 日
	大寒	1 月 19 或 20 或 21 日

資料來源：台北市立天文科學教育館。

3. 虛歲與足歲

　　華人的歲數分為虛歲與足歲，虛歲是華人傳統計算年齡的方式。華人在嬰兒出生就算一歲，之後每過一個農曆新年就增加一歲。足歲是一般西方計算年齡的方式，指的是嬰兒出生要滿一年才算一歲，所以虛歲有時候可能比足歲還要多一歲或兩歲。你也可以按照華人的方法，算算你今年幾歲喔。

尾牙

　　台灣**民間信仰**[1]裡有祭拜**土地公**[2]的習俗，因為土地公是地方的財神，能夠**保佑**[3]**商家**[4]生意興隆。商家會在農曆每個月初二和十六準備**三牲**[5]（雞、豬、魚）及四果（四季新鮮的水果）來感謝土地公的照顧，台灣話稱做「做牙」。農曆十二月十六日是一年當中最後一次做牙，**故**[6]稱為「尾牙」。由於是最後一次祭拜，大家會準備比平時更多的供品，而且過完尾牙，緊接著就要過年了，所以老闆在這天會準備豐盛的酒菜，請員工吃飯，感謝員工一年來為公司付出的一切，因此商家**歲末**[7]宴請員工的聚餐稱為「吃尾牙」。近年來各公司或團體的尾牙聚餐還會準備**摸彩**[8]及**餘興節目**[9]，大企業的晚會節目更是越來越多樣化，經常<u>成為</u>媒體注意的<u>焦點</u>。關於尾

牙餐會有個有趣的習俗，早期老闆會利用吃尾牙的場合，將餐桌上的雞頭對著**即將**[10] 被**解雇**[11] 的員工，暗示他明年不用再來上班，所以員工都很擔心雞頭對著自己。現在這個習俗已不存在，雞頭通常會對著老闆自己或朝上。

尾牙這天，一般人家的應景食物則是潤餅與刈包。潤餅是用春捲皮包著高麗菜、豆芽菜、蛋絲、香菜、豆干絲、花生粉等等，加滿餡料的豐滿造型，像是把錢財捆綁在一起的樣子，象徵錢財滿載、發財潤家的意思。刈包是一個形狀像錢包的饅頭，常見的內餡有滷肉、酸菜、花生粉、香菜。因為像錢包，<u>取其</u>錢包滿滿、發財祈福的<u>意思</u>。

另外有個習俗也跟尾牙有關，在香港或台灣，像是美容業或是一些服務業會在尾牙之後開始提高收費，等過完年後再調回原價，這也算是小型商家為自己準備年終獎金的方式吧。

◆ 刈包

生詞註釋

	生詞	拼音	解釋
1	民間信仰	mín jiān xìn yǎng	一般人民相信的宗教與祭拜的神明。
2	土地公	tǔ dì gōng	神明，保護地方平安、農人收成豐盛與生意人經商順利。
3	保佑	bǎo yòu	保護庇佑。
4	商家	shāng jiā	做生意買賣的人家。
5	三牲	sān shēng	從前指的是牛、羊、豬等三種祭品。現代大多使用雞、魚、豬。
6	故	gù	因此、所以。
7	歲末	suì mò	年底、年終；一年快要結束的時間。
8	摸彩	mō cǎi	贈送財物的抽獎活動。
9	餘興節目	yú xìng jié mù	在主要事情結束後，為了增加趣味而進行的娛樂活動或節目。
10	即將	jí jiāng	馬上、就要。
11	解雇	jiě gù	老闆開除員工。

換你說一說

1. 成為……焦點

    例句：他喜歡穿著奇裝異服，經常會成為眾人注目的焦點。

    練習 1：這家廠商只要發表新產品，經常成為＿＿＿＿＿的焦點。

    練習 2：＿＿＿＿＿＿＿＿＿＿＿，＿＿成為＿＿＿＿＿的焦點。

2. 取其……意思

    例句：春聯倒貼「福」字的習俗，是取其「福到」的意思

    練習 1：華人年夜飯一定要有魚，取其＿＿＿＿＿ 的意思。

    練習 2：＿＿＿＿＿＿＿＿＿＿，取其＿＿＿＿＿的意思。

1. 近幾年來，尾牙的應景食品刈包，不僅在台灣很受喜愛，同時也紅遍歐美，跟泡沫紅茶(bubble tea)一樣受歡迎，成為台灣的代表小吃。在紐約、倫敦都可以找到賣刈包的餐廳。對西方人來說，包著滷肉、酸菜、香菜及花生粉的刈包，就像是西式食物的漢堡、三明治。而在加拿大，更有店家把刈包變身為包著各式亞洲食物的漢堡，讓刈包成為台灣揚名國際的美食。請同學使用台式刈包，加上你們自己國家常用的餡料，做出一個專屬於你的刈包。

2. 台灣的尾牙聚餐就像是其他國家的年終派對；說說看在你的國家，會用什麼樣的方式來舉辦年終活動。

附 錄

華語學習網站

- 文化部 iCulture - 節慶專區 (cloud.culture.tw)
- 交通部觀光局 - 傳統節慶 (taiwan.net.tw)
- 全球華文網 (www.huayuworld.org)
- 全球華文網 - 自編教材選用建議 (huayuworld.org/edm)
- 全球華文網 - 中英文字幕動畫 (biweekly.huayuworld.org/chineseAndEnglish)
- 全球華文網 -HyRead ebook 電子書平臺 (huayuworld.ebook.hyread.com.tw)
- 華測會聽讀模擬測驗平臺 (cbt.sc-top.org.tw/sctopj/ChangeOrder0619.aspx)
- 教育部重編國語辭典修訂本 (dict.revised.moe.edu.tw/cbdic)

新聞網站

- BBC News- 中文 (bbc.com/zhongwen/trad)
- 紐約時報中文網 - 國際縱覽 (cn.nytimes.com)
- 華爾街日報 - 中文 (cn.wsj.com/zh-hant)
- 日經中文網 -- 日本經濟新聞中文版 (zh.cn.nikkei.com)
- 星島日報 (stheadline.com)

生詞索引

生詞	拼音	節日編號（課文）
艾草	ài cǎo	5
白晝	bái zhòu	11
暴斃	bào bì	9
保佑	bǎo yòu	12
背叛	bèi pàn	5
避邪	bì xié	9
邊境	biān jìng	5
不可或缺	bù kě huò quē	3
菖蒲	chāng pú	5
長生不老	cháng shēng bù lǎo	8
超渡	chāo dù	7
充斥	chōng chì	7
除舊布新	chú jiù bù xīn	1
窗明几淨	chuāng míng jǐ jìng	1
創意	chuàng yì	3
春分	chūn fēn	4
初一	chū yī	2
刺繡	cì xiù	6
搓	cuō	11
大發利市	dà fā lì shì	2
打交道	dǎ jiāo dào	2
誕辰	dàn chén	10
得來不易	dé lái bù yì	10
得意忘形	dé yì wàng xíng	8

生詞	拼音	節日編號（課文）
登高	dēng gāo	9
燈籠	dēng lóng	3
登門	dēng mén	2
地府	dì fǔ	7
燉煮	dùn zhǔ	11
耳熟能詳	ěr shú néng xiáng	5
放牛郎	fàng niú láng	6
分外	fèn wài	8
逢九不吉	féng jiǔ bù jí	9
豐盛	fēng shèng	1
乾旱	gān hàn	8
供品	gòng pǐn	1
供養	gòng yǎng	7
故	gù	12
孤零零	gū líng líng	8
軌跡	guǐ jī	11
過世	guò shì	6
好學	hào xué	10
後來居上	hòu lái jū shàng	6
荒廢	huāng fèi	6
迴避	huí bì	9
灰燼	huī jìn	7
基礎	jī chǔ	10
疾厄	jí è	5
即將	jí jiāng	12

生詞	拼音	節日編號（課文）
家喻戶曉	jiā yù hù xiǎo	7
解毒去病	jiě dú qù bìng	5
解雇	jiě gù	12
節氣	jié qì	4
節慶	jié qìng	1
解脫	jiě tuō	7
禁忌	jìn jì	2
忌日	jì rì	9
九五之尊	jiǔ wǔ zhī zūn	9
侷限	jú xiàn	3
眷屬	juàn shǔ	6
開市	kāi shì	2
客死異鄉	kè sǐ yì xiāng	7
累積	lěi jī	11
歷代傳承	lì dài chuán chéng	4
歷久不衰	lì jiǔ bù shuāi	10
黎明	lí míng	10
理念	lǐ niàn	10
離鄉背井	lí xiāng bèi jǐng	7
流放	liú fàng	5
隆重	lóng zhòng	6
民不聊生	mín bù liáo shēng	8
民間信仰	mín jiān xìn yǎng	12
民俗	mín sú	2
模仿	mó fǎng	4

生詞	拼音	節日編號（課文）
南迴歸線	nán huí guī xiàn	11
暱稱	nì chēng	7
年菜	nián cài	1
年年有餘	nián nián yǒu yú	1
農曆	nóng lì	1
糯米	nuò mǐ	11
破裘	pò qiú	5
虔誠	qián chéng	2
乞求	qǐ qiú	6
秋收冬藏	qiū shōu dōng cáng	11
秋高氣爽	qiū gāo qì shuǎng	8
娶親	qǔ qīn	2
日晷	rì guǐ	11
如意郎君	rú yì láng jūn	6
三牲	sān shēng	12
僧人	sēng rén	7
擅長	shàn cháng	6
商家	shāng jiā	12
神龕	shén kān	2
神射手	shén shè shǒu	8
慎終追遠	shèn zhōng zhuī yuǎn	1
盛大	shèng dà	2
式微	shì wéi	6
手藝	shǒu yì	6
誦經	sòng jīng	7

生詞	拼音	節日編號 (課文)
俗稱	sú chēng	8
俗諺	sú yàn	11
歲末	suì mò	12
踏青	tà qīng	4
貪圖	tān tú	6
替死鬼	tì sǐ guǐ	7
天倫之樂	tiān lún zhī lè	8
投胎	tóu tāi	7
土地公	tǔ dì gōng	12
推崇	tuī chóng	10
晚輩	wǎn bèi	1
王母娘娘	wáng mǔ niáng niang	8
無福消受	wú fú xiāo shòu	9
午時	wǔ shí	5
無主鬼魂	wú zhǔ guǐ hún	7
喜鵲	xǐ què	6
昔日	xí rì	7
習俗	xí sú	1
息息相關	xí xí xiāng guān	8
餡料	xiàn liào	3
相傳	xiāng chuán	4
香茅	xiāng máo	5
相思	xiāng sī	6
象徵	xiàng zhēng	1
興衰	xīng shuāi	4

生詞	拼音	節日編號（課文）
許配	xǔ pèi	6
雅俗共賞	yǎ sú gòng shǎng	3
閻羅王	yán luò wáng	7
炎炎	yán yán	5
藥膳	yào shàn	11
宜人	yí rén	4
陰間	yīn jiān	7
應景	yìng jǐng	8
永無止盡	yǒng wú zhǐ jìn	8
有情人終成眷屬	yǒu qíng rén zhōng chéng juàn shǔ	6
蘊含	yùn hán	7
讚嘆不已	zàn tàn bù yǐ	3
灶神	zào shén	2
展現	zhǎn xiàn	3
長輩	zhǎng bèi	1
招財進寶	zhāo cái jìn bǎo	2
針線	zhēn xiàn	6
正月	zhēng yuè	2
隻身	zhī shēn	7
終年	zhōng nián	7
中旬	zhōng xún	7
茱萸	zhū yú	9
主張	zhǔ zhāng	10
追思	zhuī sī	4
滋生	zī shēng	5

生詞	拼音	節日編號 (課文)
資質	zī zhí	10
最	zuì	9
作法	zuò fǎ	7

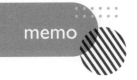

memo

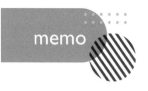

memo

memo

國家圖書館出版品預行編目資料

華人節慶與文化／陳怡容、蔡愛芬編著. －初版.
－新北市：新文京開發出版股份有限公司，
2021.11
　　面；　　公分
　　ISBN　978-986-430-766-1（平裝）

1. 歲時習俗 2. 節日

538.59　　　　　　　　　　　　110013249

華人節慶與文化　　　　　　　　　　（書號：E449）

編　著　者	陳怡容　蔡愛芬
出　版　者	新文京開發出版股份有限公司
地　　　址	新北市中和區中山路二段 362 號 9 樓
電　　　話	(02) 2244-8188（代表號）
Ｆ　Ａ　Ｘ	(02) 2244-8189
郵　　　撥	1958730-2
初　　　版	2021 年 11 月 26 日

ISBN　978-986-430-766-1

New Wun Ching Developmental Publishing Co., Ltd.

New Age · New Choice · The Best Selected Educational Publications — NEW WCDP

新文京開發出版股份有限公司

NEW WCDP

新世紀・新視野・新文京─精選教科書・考試用書・專業參考書